ULRICH SCHAFFER
MIT WALTRAUD SCHAFFER

Wie das Salz der Erde

DER WEG DER ORDNUNG

ULRICH SCHAFFER

MIT WALTRAUD SCHAFFER

Wie das Salz der Erde

DER WEG DER ORDNUNG

EDITION schaffer

im Kreuz Verlag

Der Weg der Ordnung

Einen Weg den „Weg der Ordnung" zu nennen ist gewagt, aber es gibt viele Menschen, die ihre Lebenserfüllung genau auf diesem Weg finden. Der Weg der Ordnung kann eine Hilfe sein, die anderen Wege sinnvoll zu gehen. Seine Energie hat oft eine dienende Funktion und wird darum von vielen nicht hoch eingeschätzt, und doch würde ganz viel in der Welt ohne die Energie dieses Weges nicht möglich sein.

Auch auf diesem Weg kann man es zur Meisterschaft bringen. Der Mensch auf diesem Weg hat ein besonderes Auge für das Notwendige. Er ist sich dessen bewusst, was im guten Sinne machbar ist und was dem Leben weiterhilft. Sein Augenmerk gilt besonders den Einzelheiten, die häufig darüber entscheiden, ob eine Sache steht oder fällt. Er packt an, wo es nötig ist, und findet darin eine tiefe, umfassende Erfüllung.

Aber auch hier gibt es Spannungen. Nur zu ordnen, nur zu ermöglichen und nur zu dienen, ohne den größeren Kontext im Auge zu haben, macht diesen Weg zu einem Weg der Arbeit und des ewigen Tuns. Aber auch hier gilt, was auf die anderen elf Wege zutrifft: Wie wir unseren Weg gehen, entscheiden wir selbst. Erfüllung ist auf jedem Weg möglich.

Das Ziel des Weges

Du willst deinen Mitmenschen ermöglichen,
ein erfülltes Leben zu führen,
und brauchst dazu einen klaren Plan.
Du untersuchst, wie etwas zu tun sei,
wann der günstige Zeitpunkt ist
und welche Energien dafür eingesetzt werden müssen.
Du verströmst dich nicht und hast keine unmöglichen Ziele,
sondern bist praktisch, realistisch
und setzt deine Kräfte gezielt ein.

Du brauchst Methoden und Organisationen,
du brauchst einen Ablauf, eine Hochrechnung,
aber dahinter geht es immer um die Ordnung,
die Leben fördert, und dies nicht nur im äußeren Bereich,
sondern auch in der Dichte der inneren Welt.
Du wünschst die Gesetze, Regeln und Muster,
in denen sich das Leben entfaltet,
zu durchdringen und zu ergründen.
Du willst den Dingen auf den Grund gehen
und arbeitest daran mit Einsatz,
mit Sachlichkeit und mit Gründlichkeit.
So breitest du Leben aus und schaffst heilsame Zustände.
Wenn du das tun darfst,
durchzieht dich eine tiefe Lebensfreude.

Was du spürst

Dein Leben ist gekennzeichnet von Sorgfalt.
Du bist vorsichtig und brauchst Ruhe,
um dich in den Dienst einer Aufgabe zu stellen.
Du lebst nicht nur für dich und deine Wünsche,
sondern bist ausgerichtet auf andere
und denkst an sie mit Achtung.
Du bist nachdenklich, verlierst dich aber nicht in deinem Denken,
sondern entwickelst dadurch Möglichkeiten,
mit denen du beiträgst zum ergiebigen Miteinander.

Dein Weg wirkt natürlich und ungekünstelt.
Er ist nicht übertrieben oder verstiegen.
Die Ordnung und Klarheit, die durch dich entsteht,
kommt aus dir,
aus deinem Bedürfnis nach einem sinnvollen Umgang
mit dir selbst, mit anderen und mit dem Leben.

Du übst Hilfsbereitschaft aus, nicht um zu manipulieren
oder andere dir gegenüber in eine Schuld zu stellen
sondern weil es deine Natur ist, anzupacken
und das Beste aus jeder Situation zu machen.

3 Pers.

Die Energie von der du zehrst

Dein Wunsch,
die Welt klar und verständlich zu sehen
und sie so zu ordnen, dass sie durchschaubar ist,
ist die Quelle deiner Kraft,
auch wenn der Wunsch
nicht immer in Erfüllung geht.

Im Zentrum deines Lebens steht Arbeit,
und Arbeit ist für dich edel und wertvoll.
Das zu wissen, lässt dich nicht so schnell
müde werden und aufgeben.
Nützlich zu sein ist dir Glück.
Und Glück ist Energie.

Aus deiner Liebe zu den Einzelheiten,
zur Genauigkeit, zum rechten Platz, zur rechten Zeit,
wächst dir Kraft zu.
Für dich ist Gott im Detail.

Aus deiner Arbeit selbst wächst dir Kraft zu.
Wo Kraft gebraucht wird, entsteht sie.
Dein Dienst für andere erschließt dir die Welt.
Du bist tätig
und redest nicht nur darüber, etwas tun zu wollen.
Dein Leben ist ein Netzwerk von Handlungen,
die – miteinander verbunden – dein Leben tragen.

Wie du dich selbst erlebst

Dir ist es wichtig,
dass dein Leben klar und überschaubar ist.
Buntheit und Fülle verwirren dich.
Du spürst immer wieder den Hang zum Einfachen.

Dir ist es wichtig, gründlich vorzugehen.
Du analysierst und begutachtest, aber nicht um zu urteilen,
sondern um so gut wie möglich zu dienen.
Dir ist es nicht so wichtig,
das Leben in seinen letzten und tiefsten Verästelungen
zu verstehen und zu begreifen,
sondern du willst die Muster wahrnehmen,
die wie eine klare Ordnung alles Leben bestimmen.

Manchmal spürst du, wie leicht dich Kleinigkeiten stören.
Du willst alles perfekt haben
und leidest darunter, wenn es nicht so ist.
Dann fühlst du Ärger und übst dich darin,
ihn unter Kontrolle zu halten.
Das Unvorhergesehene liebst du nicht,
weil es Unordnung bringt,
aber du weißt auch, dass du darauf achten musst,
nicht alles im Griff haben zu wollen,
weil dich das fesselt und kleinlich macht.

Du und die anderen

Mit deiner Sachlichkeit
wirst du von den meisten Menschen gern gesehen.
Sie trauen dir, weil du dich nicht verstellst.
Mit deiner Art schaffst du einen Raum,
in dem sie ihr Leben besser überschauen können.

Oft entwickelt sich still eine Beziehung zu anderen,
weil du dir der Würde deines Beitrags bewusst bist.
Es fällt dir nicht schwer, das Einfache zu tun,
um das Komplizierte möglich zu machen.
Du brauchst nicht im Mittelpunkt zu stehen,
um wichtig zu sein.
Das rechnen dir viele hoch an.

Auf dich ist Verlass,
und Menschen sind froh, dass du da bist.
Manchmal wirst du als selbstverständlich hingenommen,
und erst wenn du nicht mehr da bist,
nimmt man wirklich wahr, was man an dir gehabt hat.
Das gehört zu deinem Weg –
der oft nicht glänzt und doch kostbar ist.

Vergiss nicht, dass du das Salz bist,
auch wenn andere sich wichtiger nehmen mögen.

Woran du leidest

Ein großes Durcheinander ist für dich schwer zu ertragen.
Du gehst unter in der Vielfalt
und verlierst dich in der Unordnung.
Du brauchst Ordnung, um zu leben.

Überraschendes bringt dich aus der Fassung.
Du wünschst, dass alles möglichst gut funktioniere,
und es macht dir Angst,
wenn du den Ablauf der Dinge nicht mehr bestimmen kannst.
Ganz tief darunter hast du Angst vor dem Ausgeliefertsein.
Du gebrauchst darum deine Beobachtungsgabe,
um aus dem, was du siehst, ein Bild der Welt zusammenzustellen,
an dem du dich orientieren kannst.
Du bist klein in der großen Welt,
aber du findest dich zurecht.

Manchmal leidest du unter den Gegebenheiten
und müsstest sehr viel tun, um die Ordnung wieder herzustellen.
Auch schaffst du es nicht, dich darüber hinwegzusetzen.
Die Augen zu schließen, krank zu werden an der Unordnung,
oder verzweifelt Ordnung herzustellen,
sind deine Möglichkeiten, von denen dir keine gefällt.
Du musst den Weg aus der Enge finden.

Vermeide was dich herabzieht

Vermeide eine zu große Skepsis.
Mit deiner Genauigkeit
kannst du leicht alles ungenügend finden.
Dann wirst du zu kritisch,
nörgelst an allem herum
und verlierst deine innere Größe.

Vermeide es,
dir zu viele Sorgen zu machen über äußere Umstände,
die außerhalb deiner Kontrolle liegen.
Dir wird sonst später die Energie für das fehlen,
was du verändern willst.

Vermeide es, in deiner Suche nach der günstigsten Lösung
zu kühl und kalkulierend zu werden.
Dein Leben wird dann trocken und berechenbar sein,
und ihm wird das Überraschende fehlen.

Vermeide es, so strenge Regeln aufzustellen,
dass niemand deinen Erwartungen gerecht werden kann.
Wenn du es tust, wird alles „richtig" sein,
aber du wirst mit der Richtigkeit allein dasitzen.

Vermeide es, zu viel über dich selbst nachzudenken.
Du verlierst so deine Spontaneität
und deine Leidenschaft für das Leben.

Wenn du liebst

Deine Beziehungen sind stark von dem Wunsch bestimmt,
etwas für andere zu tun.
Du verwirklichst dich selbst,
indem du dich verschenkst.
Du tust gern einen Gefallen,
und diese Selbstlosigkeit finden viele anziehend.
Du erniedrigst dich dabei nicht,
sondern wächst in den Augen anderer.

Wenn du den Geliebten nicht verstehst,
erarbeitest du dir das Verständnis und lernst zu lieben,
um dem Partner das zu geben, was er braucht.

Du bist das Salz in vielen Beziehungen.
Ohne dich fehlt etwas.
Man braucht dich wegen deiner Erdverbundenheit,
mit der du vieles möglich machst.

Du neigst dazu, mit deinem scharfen Blick
zu kritisch zu sein und damit den Partner zu verletzen.
Frage dich, ob du das Recht hast zu urteilen.
Sei kritisch deiner Kritik gegenüber,
sonst bleibst du allein.

Gott auf deinem Weg

Der Gott auf diesem Weg
ist ein Gott der Ordnung und der weisen Planung.
Er arbeitet schwer und scheut nichts,
um den Menschen zu helfen.
Wir können es von ihm erwarten,
er wird uns nicht im Stich lassen.
Er ist verlässlich.

Dein Gott ist der große Heiler,
und wenn du jemandem die Hände auflegst,
dann fließt Gott durch dich hindurch und heilt.
Du bist sein Diener,
und manchmal wirst du selbst zum Heiler,
der die Wunden des anderen
durch die eigenen Wunden verstehen kann.

Durch deine eigene Not und dein eigenes Leid
weißt du um die Bedürfnisse anderer und kannst helfen.
Gott steht dir zur Seite,
von ihm erlernst du die Geheimnisse des Heilens.

DA VID
SANTA ANNA

Enttäuschungen sind unvermeidbar

Du hast als stilles Anliegen,
die Welt in Einzelheiten anzusehen,
und triffst dabei auf vieles,
das du nicht einordnen kannst.
Auch deine Gründlichkeit und dein Fleiß
erschließen dir nicht die letzten Geheimnisse.

Du erreichst eine Meisterschaft im Kleinen und fragst dich dann,
ob du dein Ziel zu klein gewählt und zu tief gesetzt hast.
Alles ist perfekt und dadurch uninteressant.
So kann dein erreichtes Glück enttäuschend sein.

Ganz tief trifft es dich, wenn man dich nicht versteht
und dein Verhalten falsch deutet:
Was du als Ordnungsliebe empfindest, nennen andere Pedanterie,
deine Sparsamkeit nennt man Geiz,
und aus deinem Fleiß macht man oberflächliche Geschäftigkeit.

Vielleicht gestehst du es dir nicht ein,
aber du glaubst in einer Ecke deines Herzens,
dass fast alles machbar und immer einzuordnen ist,
bis du enttäuscht feststellst, dass es vieles gibt,
was sich deinen Händen, deiner Seele
und deinem Geist entzieht.

Wenn es schwer wird

Es fällt dir schwer,
wenn du nicht mehr die Kraft hast,
die von dir bevorzugte Ordnung herzustellen,
oder wenn du mit Menschen leben musst,
denen Ordnung unwichtig ist.
Dann entstehen Konflikte.

Wenn Menschen dich missverstehen
und sich von dir kritisiert fühlen,
weil du eine Vorstellung davon hast, wie alles sein sollte,
dann macht dir das zu schaffen.

Wenn die andern deine Arbeit und dein Dienen nicht genug schätzen
und es von dir erwarten, als hätten sie ein Recht darauf,
dann möchtest du dich wehren
und deinerseits erwarten, dass man dich ehrt und schätzt.

Es gibt Zeiten,
da ekelt dich die Unreinheit und Unordnung anderer,
ihr chaotisches Leben und ihre fehlenden Pläne,
da fällt es dir schwer, nichts tun zu können
und es aushalten zu müssen.
Da musst du mit etwas leben,
was dir den Boden unter den Füßen wegzieht.

Das Besondere deines Weges

Wo andere hoch hinaus wollen,
da bist du zufrieden,
deine Erwartungen zurückzuschrauben
und in der Begrenzung deine Meisterschaft zu zeigen.
Dem, was du gewählt hast – was es auch sein mag –,
widmest du deine ganze Aufmerksamkeit.
So kann das Einfache das Besondere werden,
weil du es veredelst.

Du kannst dich selbst zurückstellen,
um die Sache, für die du dich entschieden hast, zu fördern.
Du bist nicht bestechlich und käuflich,
weil du immer das Ziel deiner Anstrengung
vor Augen behältst und nichts dich von diesem Weg abbringt.

Man merkt dir deine Bescheidenheit an.
Sie stammt aus deinem bewussten oder unbewussten Wissen,
dass die Welt ein großer, schwer zu verstehender Ort ist,
in den wir geworfen sind.
Wir versuchen zu überleben und etwas Sinnvolles aus dem zu machen,
was uns an Rohmaterial anvertraut worden ist.

Eine große Herausforderung

In deiner Konzentration
auf einen Teilbereich des Ganzen,
auf die sinnvollste
und wirksamste Lösung
eines Problems und in der Rücksicht auf deine Mitmenschen
läufst du Gefahr, den Blick für das Ganze zu verlieren.
Kalt, kalkulierend, intolerant,
andere verdächtigend, dich einschmeichelnd,
skeptisch und misstrauisch zu werden –
das sind die Gefahren, die auf deinem Weg auf dich lauern.

Es ist deine besondere Aufgabe,
diese Gefahren zu kennen und sie zu vermeiden,
dabei aber deinen Weg nicht zu verlassen
und deine innere Größe zu bewahren.
Du kannst dich für die Ordnung verausgaben
und dabei das Leben verpassen.
Du bist gefordert, loszulassen und Unordnung auszuhalten.
Wenn dir das gelingt, wirst du befreit von dem,
was für dich lebensnotwendig schien.
Die Ordnung ist für das Leben da
und nicht das Leben für die Ordnung.

In dieser Spannung wirst du immer mehr von dem entdecken,
was die Welt im Innersten zusammenhält.
Das wird deine einmalige Weisheit sein.

Sei achtsam

Achte darauf,
dass du in deiner Selbstkritik nicht untergehst.
Du hast den Drang zur Perfektion
und bist darum selbst dein ärgster Kritiker.

Lass dich nicht von Kleinigkeiten stören oder gar zerstören.
Du kannst in den Einzelheiten verloren gehen –
auch wenn sie wichtig und schön sind, sind sie nicht das Ganze.

Glaube nicht, dass nur das Messbare wirklich ist.
Es gibt viele Ebenen der Wirklichkeit,
und jede hat ihren eigenen Zugang.
Nicht alles ist durch Arbeit und Ordnung zu erreichen.

Du musst lernen, deine Vorstellungen manchmal loszulassen,
sonst machen sie dir das Leben zur Qual.
Nicht alles, was wir denken können, ist erreichbar.

Mache dir nicht zu viele Sorgen über das,
was noch nicht genau stimmt.
Auch die Unvollkommenheit gehört zur Vollkommenheit der Welt.

Die reife Form deines Weges

Wie dich früher eine versteckte Angst gehindert hat,
dich dem Leben hinzugeben,
so erlaubt dir jetzt deine Reife,
dich dem Leben auszuliefern.
Du bist an der Härte des Lebens gewachsen.

Reif ist auch deine Fähigkeit,
zwischen dem Wesentlichen und dem Unwichtigen zu unterscheiden.
Immer seltener lässt du dich gefangen nehmen
von dem, was keinen bleibenden Wert hat.
Du wirst jetzt gelassener und spielerischer.

Du wirst auch deine Empfindlichkeit überwinden
und es schaffen, mit dem Chaos der Welt zu leben.
Du wirst nicht mehr das Bedürfnis haben,
das zu ordnen, was nicht deine Sache ist,
und wirst dich auf das konzentrieren, was für dich wichtig ist.

Wenn du das, was du ordnen kannst, ordnest
und alles andere annehmen oder sogar umarmen kannst,
dann betrittst du die höhere Ebene deines Weges.

Die Geschenke deines Weges

Dein Weg schenkt dir ein tiefes Wohlbefinden,
weil du eine Gebende, ein Gebender bist.
Durch dich ist die Welt gesegnet,
und viele verspüren es,
weil sie durch deine Energie
zur Energie ihres eigenen Weges finden.
Du machst alles möglich.

Auf diesem Weg bist du ganz nah am Leben,
du gehst nicht in Theorien verloren,
sondern spürst das Leben selbst
und die Lebendigkeit deines Beitrags.
Du lebst nicht nur in deinem Kopf,
sondern auch in deinen Händen, in deinen Füßen,
in deinen Augen, Lippen und in deinem ganzen Körper.

Dieser Weg lehrt dich, Probleme zu lösen
und dabei genau, fleißig und verantwortlich zu sein.
Du bist glücklich in deiner Leistung und doch bescheiden.
Dein ganzes Leben ist ein Werk.
Mit feinsten Fäden hast du alles mit allem verbunden.
In deinen Taten spiegelt sich die Ordnung der Welt wider.

Wachse über dich selbst hinaus

Das, was du in der fassbaren Welt schätzt,
die Klarheit und Reinlichkeit,
die Ordnung und Genauigkeit,
die erkennbaren Muster,
in denen sich das Leben ausbreitet und vertieft,
das kannst du jetzt auf das Geistige beziehen.
Was materiell war, wird nun spirituell.

Jetzt setzt du deinen Fleiß ein,
um göttliche Muster zu entdecken
und die Tiefe des Menschen auszuloten.
Deine Haltung hat sich nicht verändert,
noch immer ordnest du,
noch immer bist du das Salz des Lebens.
Jetzt wendest du dich den tieferen Werten zu.

So wie dein Körper einmal deiner Seele
und deinem Denken gedient hat,
so dient jetzt dein ganzes Wesen dem Göttlichen.
In einer Feier deines Weges
fährst du jetzt die Ernte ein
von den Feldern deiner Erfahrung.

Zu den Bildern

Die Bilder in dieser Buchserie haben zum Teil einen anderen Zweck als sonst in meinen Büchern. Sie sollen nicht nur eine Meditationshilfe sein, sondern sie sollen in den meisten Fällen die Energie eines Weges verkörpern. Mit diesem Gedanken haben wir sie ausgesucht.
Jeder dieser Wege findet in der äußeren Welt, in den Dingen, die uns umgeben, seinen Ausdruck. Die Dinge der Welt haben ihre eigene Energie. Der Weg der Würde findet seinen Ausdruck im Strahlen der Sonne, im Bild des Löwen als König der Tiere, im Leuchten einer Sonnenblume. Der Weg der Harmonie findet seinen Ausdruck in der Geradlinigkeit des Horizonts, der alles auszugleichen scheint, in der Ausgewogenheit der Anordnung einer Blumenblüte. Wir haben versucht, bei der Auswahl der Bilder innerhalb der Energie eines jeden Weges zu bleiben, so wie wir den Weg verstehen, um den Band stimmig zu halten. Oft sind die Entsprechungen zwischen außen und innen geheimnisvoll, und man muss lernen, sie zu sehen und sich in sie einzudenken.
In der Natur gibt es viele Muster, die die Energie der Ordnung ausdrücken. Die Blüte einer Blume mit ihrer symmetrischen Anordnung von Blütenblättern, die Blätter oder Nadeln an einem Ast, die Erbsen in einer Schote und die Kerne in einem Tannenzapfen sind Beispiele für diese Energie. Da, wo der Mensch etwas schafft, besonders wenn er sich dem Detail widmet, beschreitet er den Weg der Ordnung.

Umschlag: Espen im Herbst, bei Mt. Timpanogos, Utah, USA.

4 Cardon Kaktus umgeben von Blumen, Baja California, Mexico

7 Aufgestelltes Stroh, British Columbia, Kanada.

9 Stocherkähne auf dem Neckar, Tübingen.

11 Fischernetze, Victoria, British Columbia, Kanada.

13 Frühlingswald, Deutschland.

15 Louise Harris, in einem alten Blockhaus, am Green River, Colorado, USA.

17 Angeschwemmte Bäume auf Ufer des Alsek Flusses, Alaska, USA.

18/19 Cardon Kakteen im ersten Morgenlicht, Baja California, Mexiko.

21 Totempfahl der Küstenindianer von British Columbia, Vancouver, British Columbia, Kanada.

23 Gerbera, Gibsons, British Columbia, Kanada.

25 Fenster in der Kathedrale von Chartres, Frankreich.

27 Verfallene Farm, Fort Steele, British Columbia, Kanada.

31 Frau auf dem Folk Festival, Vancouver, British Columbia, Kanada.

33 Hausbau in Gibsons, British Columbia, Kanada

35 Verfallenes Fachwerkhaus, Deutschland.

37 Aufgehende Saat, Niedersachsen.

39 Gestapeltes Holz, Grainau, Bayern.

41 Kürbisernte mit ausgestopften Figuren, California, USA.

42/43 Espen im Herbst, bei Mt. Timpanogos, Utah, USA.

45 Ährenstern.

47 Quilt von Louise Harris, Sedro Wooley, Washington, USA.

49 Sonnenaufgang über Inseln bei Loreto, Golf von Kalifornien, Baja California, Mexiko.

Die zwölf Wege des Menschen

Jeder von uns hat in seiner Einmaligkeit seinen ganz eigenen Weg. Die Unterteilung in zwölf Wege gibt es in unterschiedlichen Formen schon lange. Für den Weg werden unterschiedliche Namen gebraucht, je nachdem, ob man sich mit der Psychologie, der Philosophie, der Astrologie oder der Theologie beschäftigt. Auch die Kultur und die Zeit bestimmen die Beschreibungen dieser Wege. Das Alte Testament, die Weisheitsschriften Laotses, die moderne Analyse C. G. Jungs oder das seit Jahrhunderten überlieferte Enneagramm können uns unseren Weg weisen, ebenso wie die Tierkreiszeichen. Es geht immer um uns und unsere besondere Art, das Leben anzugehen. Die alte Weisheit der Astrologie beschreibt Energien, die in unserem Leben wirken. Unser ganzes Leben lang lernen wir sie zu entdecken, mit ihnen umzugehen und sie zu bejahen. Wir haben uns in diesen Büchern von diesem Verständnis der Energien inspirieren lassen.
Jeder Mensch sucht sich selbst zu verstehen, seine Ziele, den Ursprung seiner inneren Kräfte, seine Gottesbilder, seine Stärken und Schwächen. Wir wollen sie akzeptieren oder sie durch Bewusstwerdung auf dem Weg in eine größere Reife überwinden. Diese Buchreihe soll dabei helfen.
Niemand lebt nur auf einem Weg. Jeder von uns trägt Elemente aller Wege in sich und es ist wertvoll, auch diese zu verstehen und damit auch den Weg unseres Partners, unserer Freunde und Familienmitglieder zu erspüren. Je mehr wir sie verstehen, desto besser können wir miteinander umgehen.
Ich, Waltraud Schaffer, habe den Weg der Harmonie als meinen Weg erkannt, weiß aber auch um die Wichtigkeit des Weges der Leichtigkeit und des Weges der Begeisterung für mich. Ich, Ulrich Schaffer, habe den Weg der Begeisterung als den wichtigen Weg in meinem Leben erkannt, spüre aber auch, wie wichtig der Weg der Würde und der Weg der Lebensfreude für mich sind.

ulrich schaffer   Waltraud Schaffer

Die Zwölf Wege des Menschen

Im Herbst 2002 erscheinen

Ein Feuer entzünden
Der Weg der Begeisterung

Die Freude des Augenblicks
Der Weg der Leichtigkeit

Eins mit allem
Der Weg der Entsagung

Wie das Salz der Erde
Der Weg der Ordnung

Im Frühjahr 2003 erscheinen

Fest wie ein Felsen
Der Weg der Verantwortung

Im Schutz des Vertrauten
Der Weg der Treue

Leben ist Tanz
Der Weg der Harmonie

Der Mut zur Tat
Der Weg des Handelns

Im Herbst 2003 erscheinen

Das leuchtende Herz
Der Weg der Würde

Echt sein, Neues wagen
Der Weg der Freundschaft

Die Schönheit der Welt
Der Weg der Lebensfreude

Die Tiefe ergründen
Der Weg der Verwandlung

Waltraud und Ulrich Schaffer stammen beide aus Deutschland und leben seit vielen Jahren in British Columbia in Kanada. Ulrich Schaffer ist als Schriftsteller und Fotograf bekannt für seine Bild- und Textbände mit stimmungsvollen Naturfotos, die inzwischen eine Gesamtauflage von ungefähr fünf Millionen erreicht haben. Das Interesse von Waltraud Schaffer gilt der Astrologie. Für diese Buchreihe haben beide ihre Ideen und Fähigkeiten vereint, um die zwölf Wege des Menschen in ihren unterschiedlichen Energien zu beschreiben.

Die Deutsche Bibliothek - CIP-Einheitsaufnahme
Ein Titeldatensatz für diese Publikation ist bei
Der Deutschen Bibliothek erhältlich.

1 2 3 4 5 06 05 04 03 02

Ein Unternehmen der Verlagsgruppe Dornier
Postfach 80 06 69, 70506 Stuttgart, Tel.: 0711/78 80 30
Sie erreichen uns rund um die Uhr unter www.kreuzverlag.de
Texte, Fotos und Gestaltung: Ulrich Schaffer
Umschlag: Carpe Diem Concept GmbH, Freiburg im Breisgau
Autorenfoto: Susanne Dahmann
Schriften: Galliard, Neue Helvetica und Nuptial Script

ISBN 3 7831 2172 8